BEI GRIN MACHT SICH IHR
WISSEN BEZAHLT

AF138511

- Wir veröffentlichen Ihre Hausarbeit,
  Bachelor- und Masterarbeit

- Ihr eigenes eBook und Buch -
  weltweit in allen wichtigen Shops

- Verdienen Sie an jedem Verkauf

Jetzt bei www.GRIN.com hochladen
und kostenlos publizieren

Christopher Krause

Anfechtung - Die drei Irrtumsfälle laut § 119 BGB

GRIN Verlag

Bibliografische Information der Deutschen Nationalbibliothek:

Die Deutsche Bibliothek verzeichnet diese Publikation in der Deutschen National-bibliografie; detaillierte bibliografische Daten sind im Internet über http://dnb.d-nb.de/ abrufbar.

Impressum:

Copyright © 2008 GRIN Verlag GmbH
Druck und Bindung: Books on Demand GmbH, Norderstedt Germany
ISBN: 978-3-656-04436-9

Dieses Buch bei GRIN:

http://www.grin.com/de/e-book/181485/anfechtung-die-drei-irrtumsfaelle-laut-119-bgb

GRIN - Your knowledge has value

Der GRIN Verlag publiziert seit 1998 wissenschaftliche Arbeiten von Studenten, Hochschullehrern und anderen Akademikern als eBook und gedrucktes Buch. Die Verlagswebsite www.grin.com ist die ideale Plattform zur Veröffentlichung von Hausarbeiten, Abschlussarbeiten, wissenschaftlichen Aufsätzen, Dissertationen und Fachbüchern.

Besuchen Sie uns im Internet:

http://www.grin.com/

http://www.facebook.com/grincom

http://www.twitter.com/grin_com

Fachhochschule der Wirtschaft

- FHDW -

Bergisch Gladbach

Referat

<u>Thema:</u>

Anfechtung -

Die drei Irrtumsfälle laut § 119 BGB

<u>Verfasser:</u>

Christopher Krause

1. Studientrimester

Studiengang: Information Science for Business

Studiengruppe: BFW4B8

Studienfach: Wirtschaftsrecht

<u>Eingereicht am:</u>

18.12.2008

Inhaltsverzeichnis

1.0 Einleitung & Grundlagen

Diese Arbeit befasst sich mit einem grundlegenden Themengebiet der Jurisprudenz, der Anfechtung. Ich werde strenggenommen den Schwerpunkt der drei Irrtumsfälle des § 119 BGB[1] und den damit verbundenen rechtlichen Umständen und Folgen behandeln. Diese Ausarbeitung soll einen möglichst weitreichenden Überblick über den komplexen Sachverhalt geben, jedoch ist eine gesamte Betrachtung aller vorkommenden Sonderfälle nicht gewährleistet.

Um näher auf die folgenden, möglichen Irrtumsfälle einzugehen, müssen erst ein paar Grundlagen erläutert und nötige Grundvoraussetzungen bestimmt werden.

Eine Anfechtung ist eine einseitige Willenserklärung, die bei Erfolg zur Nichtigkeit eines rechtsgültigen Vertrags führt und beseitigt somit alle rechtlichen Auswirkungen der zuvor abgegebenen Willenserklärung. Sie ist zudem ein Gestaltungsrecht, was einzig den Beteiligten eines Rechtsgeschäfts zur Verfügung steht. Aus dieser Definition[2] ist ableitbar, dass es zwingend notwendig ist, ein gültiges Rechtsgeschäft geschlossen zu haben. Es ist folglich nicht möglich, von vornherein nichtige Rechtsgeschäfte anzufechten. Aus diesem Grund unterstelle ich einfachheitshalber für den Rest der Arbeit, dass die Grundlage jeglicher Erarbeitungen, Erklärungen und Beispiele ein rechtsgültiger Vertrag ist, um sich wiederholende Fallunterscheidungen auszuschließen.

Auf der Basis dieser Voraussetzung kann man sagen, dass jede Willenserklärung nun anfechtbar ist. Es kommt auch nicht darauf an, ob es sich um eine empfangsbedürftige, ausdrückliche oder konkludente Willenserklärung handelt.

Die pauschale Antwort darauf, wann ein Rechtsgeschäft anfechtbar ist, lautet, wenn es basierend auf einem im Bürgerlichen Gesetzbuch genannten Wissensmangel zu Stande gekommen ist. Insbesondere sind in diesem Zusammenhang die Anfechtungsgründe wegen Irrtums (§ 119 BGB), arglistiger Täuschung (§ 123 BGB) und widerrechtlicher Drohung (§ 123 BGB) zu nennen, wobei nun das einzige Augenmerk auf den Irrtumsfällen liegt.

Generell liegt ein Irrtum vor, wenn Erklärung und Wille des Gesagten[3] ungewollt auseinanderfallen und der Erklärende dies nicht weiß. Jedoch führt eine Divergenz der Erklärung und des Willens nicht automatisch zur Nichtigkeit. Die Wirksamkeit der unrichtigen Willenserklärung muss erst angefochten werden, ansonsten bleibt sie, wie zuvor vorausgesetzt, rechtsgültig.

2.0 Die drei Irrtumsfälle laut § 119 BGB (Anfechtungsgründe)

2.1 Inhaltsirrtum & Beispiele

Unter dem Inhaltsirrtum versteht man den Irrtum über den Inhalt einer Erklärung. Dieser ist im § 119 Absatz 1, 1. Alternative festgehalten. In diesem Fall weiß der Erklärende, was er sagt, irrt sich jedoch über die Bedeutung des Gesagten. Der Erklärende will also etwas zum Ausdruck bringen, was objektiv[4] anders verstanden wird, als er es meint. Infolgedessen lassen sich zwei verschiedene Fallgruppen unterscheiden, den Verlautbarungsirrtum und den Identitätsirrtum.

Der Verlautbarungsirrtum betrifft die typischen Fälle des Inhaltsirrtums, denn der Erklärende irrt hierbei über den Sinn, der dem Erklärungsmittel objektiv zukommt. Zu nennen sind beispielhaft der falsche Gebrauch von Fremdwörtern, Fachausdrücken oder die unrichtige Verwendung von Begriffen einer (fremden) Sprache, wie z.B.: 10 Gros Stücke Papier, die fälschlicherweise als 10 große Stücke Papier angenommen werden.

Der Identitätsirrtum umfasst hingegen solche Sachverhalte, bei denen sich die Erklärung auf eine bestimmte Person, einen bestimmten Gegenstand oder einen bestimmten Geschäftstyp bezieht, aber dieser Bezug nach dem objektiven Erklärungswert vom Erklärungsempfänger anders verstanden wird, als der Erklärende meint. So entsteht entweder

- der Irrtum über die Person des Geschäftsgegners (error in persona), denn der Erklärende meint eine andere Person als tatsächlich erklärt, z.B.: die versehentliche Verwechslung des befreundeten Malermeisters Müller im Telefonbuch mit seinem Namensvetter, der auch Malermeister ist;
- der Irrtum über die Identität des Geschäftsgegenstandes (error in objecto), denn dem Erklärenden fehlt die Vorstellung über die Identität oder den Umfang des gekauften Gegenstandes, z.B.: die fälschliche Annahme beim Kauf des Nachbarnhundes, dass es ein Schäferhund sei, obwohl der aufgrund seines Todes durch einen Labrador ersetzt wurde;
- oder der Irrtum über die Geschäftsart (error in negotio), denn der Erklärende weiß nicht genau, was er unterzeichnet, z.B.: Abschluss eines Leasingvertrags aufgrund eines Schaufensterangebots eines Autos mit dazugehöriger Leasingrate, obwohl der Käufer annimmt, dass dies die monatlichen Raten eines Ratenkaufs seien und das Auto ihm somit am Ende der Laufzeit gehört.

Alle zuvor genannten Inhaltsirrtümer sind beachtlich und können dadurch als Anfechtungsgründe angegeben werden. Dagegen ist direkt zu sagen, dass nicht jeder Irrtum das Recht zur Anfechtung gibt (Unbeachtlichkeit).

Grundsätzlich gilt, dass ein Irrtum bei der Willensbildung, also die fälschliche Beurteilung vorliegender Fakten (die für die Bildung der Willenserklärung maßgebend sind), aus Gründen des Verkehrsschutzes nicht zur Anfechtung berechtigt, da Wille und Erklärung übereinstimmen. Dies nennt man einen unbeachtlichen Motivirrtum oder auch Irrtum im Beweggrund.

Daneben wird häufig noch der Kalkulationsirrtum erwähnt, den man aber nicht pauschal als unbeachtlich einstufen kann. Es kommen nämlich zwei unterschiedliche Ausprägungen vor, den internen und externen Kalkulationsirrtum, die anders behandelt werden. Beim Internen bleibt dem Erklärungsempfänger[5] die Kalkulationsgrundlage verborgen, da er nur das Ergebnis mitgeteilt bekommt. Somit ist er im Geschäftsverkehr schutzwürdig, was bedeutet, dass der interne Kalkulationsirrtum ein unbeachtlicher Motivirrtum, also nicht anfechtbar, ist. Beim Externen hingegen wird dem Erklärungsgegner die Berechnungsgrundlage mitgeteilt und wird deshalb Teil des Erklärungsinhalts, wodurch dieser zur Anfechtung berechtigt.

2.2 Erklärungsirrtum & Beispiele

Ein Erklärungsirrtum liegt vor, wenn der Erklärende seine Erklärung in einer von ihm ungewollten Form abgibt. Dies ist im § 119 Absatz 1, 2. Alternative geregelt. Im Unterschied zum Inhaltsirrtum, wo der Irrtum in der Erklärungsbedeutung liegt, irrt der Erklärende sich hier in seiner Erklärungshandlung, auch Irrung genannt. Der Erklärende kennt also die objektive Bedeutung seiner Erklärung, jedoch misslingt ihm die praktische Umsetzung seines Willens, weil er bei der Äußerung seines Willens einen Fehler macht. Besondere Bedeutung haben in diesem Zusammenhang die Fälle des Versprechens, Verschreibens und Vergreifens.

Der Erklärende kann aber nur aufgrund eines Erklärungsirrtums anfechten, wenn er im Moment der Erklärungsabgabe eine bestimmte Vorstellung vom Inhalt der Erklärung hatte, die vom jetzigen Inhalt der Erklärung abweicht. Somit sind Willenserklärungen, bei denen der Erklärende während seiner Äußerung den Inhalt gar nicht kennt, nicht anfechtbar, da sich keiner über etwas irren kann, wenn er sich zuvor darüber gar keine Gedanken machte. Dies gilt insbesondere für die oft vorkommende Nichtbeachtung zusätzlich geltender AGBs[6]. Das klassische Beispiel eines Erklärungsirrtums wäre die

Handhebung einer im Publikum sitzenden Person bei einer laufenden Auktion, die dadurch das Höchstgebot abgibt und objektiv somit ein gültiges Rechtsgeschäft eingeht, obwohl sie nur ihren Freund, der gerade zur Türe rein kam, grüßen wollte.

2.3 Eigenschaftsirrtum & Beispiele

Aufgrund der vorangegangenen Erarbeitung kann nun der Eigenschaftsirrtum, der wiederum in zwei Fallgruppen unterteilt ist, aufgezeigt werden. Dieser ist auch im § 119 Absatz 2 BGB geregelt, um alle drei Irrtümer dieser Kategorie zusammenzufassen. Hier kann der Erklärende seine Willenserklärung anfechten, da er sich über eine Eigenschaft des Erklärungsempfängers oder über eine Eigenschaft der Sache irrte. Das Merkmal der Verkehrswesentlichkeit beider Eigenschaften spielt eine große Rolle, die später genauer erläutert wird.

Der Irrtum findet also im Bereich der Willensbildung statt, weil in derartigen Fällen der Erklärungswille und Erklärungsinhalt übereinstimmen. Da es sich im Wesentlichen um einen unbeachtlichen Motivirrtum handele, wäre der Irrtum nicht anfechtbar. Da sich aber der Erklärende über eine direkte Eigenschaft des Rechtsgeschäfts und damit auch über das wirtschaftliche Ergebnis desselbigen irrt, handelt es sich gemäß § 119, Abs. 2 BGB um den ausnahmsweise beachtlichen Motivirrtum.

Besonderer Bedeutung fällt wie beschrieben der verkehrswesentlichen Eigenschaft zu, die aber nicht durch das Gesetz, sondern durch die Rechtssprechung bestimmt ist. Eine Eigenschaft ist demnach verkehrswesentlich, wenn sie nach der Verkehrsauffassung für den wirtschaftlichen Zweck des Vertrages bedeutungsvoll ist, d.h.: Sie muss entweder vertragswesentlich, also im Vertrag vereinbart oder in der Erklärung Ausdruck gefunden haben, oder geschäftswesentlich, also der Vertragserklärung zugrunde gelegt worden, sein. Im Letzteren braucht die Vorstellung der Eigenschaft des Erklärenden nicht kund getan werden, wenn nach der Verkehrsauffassung die Eigenschaft von entscheidender Bedeutung für das Rechtsgeschäft ist, wie zum Beispiel spielt die Sehschwäche bei der Beantragung eines Darlehens keine Rolle, jedoch die Kreditwürdigkeit (als verkehrswesentliche Eigenschaft), wobei es sich bei einer Stellenbewerbung als Polizeikommissar genau umgekehrt verhält.

Demnach zählen als verkehrswesentliche Eigenschaften einer Person in erster Linie die natürlichen Persönlichkeitsmerkmale, wie Alter, berufliche Qualifikation, Gesundheitszustand, Vertrauenswürdigkeit, Zuverlässigkeit, Vorstrafen, Ansehen und die Zahlungsfähigkeit (siehe vorangegangenes Beispiel). Die Person ist im Sinne des

§ 119 Abs. 2 BGB in den meisten Fällen der Erklärungsgegner, auf den sich das Rechtsgeschäft bezieht.

Im Allgemein sind mit verkehrswesentlichen Eigenschaften einer Sache alle wertbildenden Faktoren gemeint (also alle tatsächlichen und rechtlichen Verhältnisse), die aufgrund ihrer Beschaffenheit und Dauer am Wert der Sache anhaften, dagegen nicht der Wert[7] (als gezogene Schlussfolgerung) selbst. Dies würde sonst zu einer unerträglichen Unsicherheit im Geschäftsverkehr führen. Somit müssen die Eigenschaften unmittelbar am Rechtsgegenstand selbst begründet sein, wie z.b. der Zustand und Herkunft einer Sache, die Lage und Bebaubarkeit eines Grundstücks, das Herstellungsjahr und Fahrleistung eines Kraftfahrzeugs. Demnach ist es Herrn Becker exemplarisch gestattet, seinen Vertrag über ein gekauftes Kunstwerk anzufechten, da er beim Kauf von der Echtheit des Objekts ausging, die im Nachhinein nicht gegeben war.

3.0 Anfechtungserklärung laut § 143 BGB

Voraussetzung für eine erfolgreiche Anfechtung ist in allen Fällen, dass der Erklärende die Willenserklärung „bei Kenntnis der Sachlage und bei verständiger Würdigung des Falles nicht abgegeben haben würde" (zitiert nach § 119 Abs. 1 BGB). Hier werden ein subjektives (Kenntnis) und ein objektives Kriterium (verständige Würdigung) kombiniert. Der Irrende steht somit bei der Anfechtungserklärung in der Pflicht zu beweisen, dass der Irrtum ursächlich für die Abgabe seiner Erklärung war und dass vom Standpunkt eines vernünftigen Menschen die Erklärung unterblieben wäre.

Die Anfechtungserklärung des Irrenden ist laut § 143 Absatz 1 BGB eine formlose, empfangsbedürftige Willenserklärung. Sie muss folglich immer dem Anfechtungsgegner[8] zugegangen sein, um ihre Wirkung zu erlangen. Dabei ist es nicht erforderlich, dass in der Anfechtungserklärung das Wort „anfechten" oder „Anfechtung" vorkommt. Doch muss es für den Vertragsgegner ersichtlich sein, dass der Erklärende anfechten will. Somit reichen auch konkludente Erklärungen aus, wie etwa die Rückforderung des Geleisteten, wenn es zweifellos ist, dass das Rechtsgeschäft auf der Basis eines Wissensmangels des Erklärenden beruht. Zudem muss der Anfechtungsgegner erkennen können, auf welcher tatsächlichen Grundlage die Anfechtung beruht, d.h. auf welchem Irrtum sie sich stützt.

4.0 Anfechtungsfrist laut § 121 BGB

Die Anfechtungsfrist beginnt laut § 121 Absatz 1 Satz 1 BGB mit der Kenntnis des Anfechtungsgrundes. Die Irrtumsanfechtung muss zudem „ohne schuldhaftes Zögern" (zitiert aus selbigem Satz), also unverzüglich, erfolgen. Der Anfechtungserklärende darf also nicht länger warten, als für eine angemessene Prüfung seiner und des Anfechtungsgegners Interessen genügt. Ihm ist somit eine kurze Zeit für die Überlegung und die mögliche Einholung eines Rats zuzubilligen. Die Anfechtung ist generell ausgeschlossen, wenn die ursprüngliche, auf dem Irrtum basierende Willenserklärung mehr als zehn Jahre zurückliegt, siehe § 121 Absatz 2 BGB.

5.0 Konsequenzen bei erfolgreicher Anfechtung

5.1 Nichtigkeit laut § 142 BGB

Wenn der Irrende nun das Rechtsgeschäft aufgrund eines Irrtums gemäß § 119 BGB anfocht, bewirkt die Anfechtung eine Rückwirkung, sodass das Rechtsgeschäft „als von Anfang an nichtig anzusehen ist" (zitiert nach § 142 Absatz 1). Bis zu diesem Zeitpunkt war die zuvor abgegebene Willenserklärung rechtsgültig und somit auch das Geschäft wirksam. Soweit schon Vertragsleistungen erbracht wurden, müssen diese nach den Vorschriften des Bereicherungsgesetzes (§ 812 Abs. 1 BGB) zurückgewährt werden.

Wer aber, wie in § 142 Abs. 2 BGB festgesetzt, die Anfechtung kannte oder kennen musste, wird nach erfolgter Anfechtung so gestellt, als hätte er die Nichtigkeit des Rechtsgeschäfts gekannt oder kennen müssen. Dies hat auch Auswirkungen auf die Schadensersatzpflicht.

5.2 Schadensersatzpflicht laut § 122 BGB

Durch die ursprüngliche Willenserklärung veranlasste der Irrende, dass sein Vertragsgegner auf die Gültigkeit seiner Erklärung vertraute, ohne dabei selbst fahrlässig gehandelt zu haben (§ 122 Absatz 2 BGB). Wenn eine Fahrlässigkeit zu erkennen ist – leichte Fahrlässigkeit genügt - oder er gemäß § 142 Abs. 2 BGB die Anfechtung kennen musste, so tritt die Schadensersatzpflicht des Anfechtenden nicht ein. Dabei spielt keine Rolle, ob der Irrtum des Anfechtungserklärenden hätte vermieden werden können oder nicht.

Ansonsten steht der Anfechtende gemäß § 122 Abs. 1 BGB in der Pflicht, den so genannten Vertrauensschaden, auch negatives Interesse betitelt, zu ersetzen, da dies nur gerecht ist, da der Mangel des Vertragsschlusses nur im Irrtum des Anfechtenden begründet ist. Der Vertragsgegner kann mit anderen Worten verlangen, dass er so gestellt wird, wie er wirtschaftlich stünde, wenn er sich nicht auf die Gültigkeit des Rechtsgeschäfts eingelassen hätte[9]. Deshalb umfasst die Ersatzpflicht neben den geleisteten, nutzlosen Aufwendungen auch den entgangenen Gewinn, da der Abschluss eines anderen Rechtsgeschäfts unterlassen wurde. Der Umfang des zu ersetzenden Schadens ist aber begrenzt, da die Ersatzpflicht nur bis zu dem Betrag des Interesses gilt, welches der Vertragsgegner an der Gültigkeit der Erklärung hatte (so genanntes Erfüllungsinteresse). Bei diesem positiven Interesse ist der Beschädigte so zu stellen, als wäre das Rechtsgeschäft rechtsgültig geblieben. Die Begrenzung ist somit nötig, denn der Vertragsgegner darf durch die Anfechtung nicht wirtschaftlich besser stehen als ohne.

6.0 Anhang

6.1 Auflistung & Zitierung aller relevanten BGB – Paragraphen

BGB § 119 Anfechtbarkeit wegen Irrtums

(1) Wer bei der Abgabe einer Willenserklärung über deren Inhalt im Irrtum war oder eine Erklärung dieses Inhalts überhaupt nicht abgeben wollte, kann die Erklärung anfechten, wenn anzunehmen ist, dass er sie bei Kenntnis der Sachlage und bei verständiger Würdigung des Falles nicht abgegeben haben würde.

(2) Als Irrtum über den Inhalt der Erklärung gilt auch der Irrtum über solche Eigenschaften der Person oder der Sache, die im Verkehr als wesentlich angesehen werden.

BGB § 121 Anfechtungsfrist

(1) Die Anfechtung muss in den Fällen der §§ 119, 120 ohne schuldhaftes Zögern (unverzüglich) erfolgen, nachdem der Anfechtungsberechtigte von dem Anfechtungsgrund Kenntnis erlangt hat. Die einem Abwesenden gegenüber erfolgte Anfechtung gilt als rechtzeitig erfolgt, wenn die Anfechtungserklärung unverzüglich abgesendet worden ist.

(2) Die Anfechtung ist ausgeschlossen, wenn seit der Abgabe der Willenserklärung zehn Jahre verstrichen sind.

BGB § 122 Schadensersatzpflicht des Anfechtenden

(1) Ist eine Willenserklärung nach § 118 nichtig oder auf Grund der §§ 119, 120 angefochten, so hat der Erklärende, wenn die Erklärung einem anderen gegenüber abzugeben war, diesem, andernfalls jedem Dritten den Schaden zu ersetzen, den der andere oder der Dritte dadurch erleidet, dass er auf die Gültigkeit der Erklärung vertraut, jedoch nicht über den Betrag des Interesses hinaus, welches der andere oder der Dritte an der Gültigkeit der Erklärung hat.

(2) Die Schadensersatzpflicht tritt nicht ein, wenn der Beschädigte den Grund der Nichtigkeit oder der Anfechtbarkeit kannte oder infolge von Fahrlässigkeit nicht kannte (kennen musste).

BGB § 142 Wirkung der Anfechtung

(1) Wird ein anfechtbares Rechtsgeschäft angefochten, so ist es als von Anfang an nichtig anzusehen.

(2) Wer die Anfechtbarkeit kannte oder kennen musste, wird, wenn die Anfechtung erfolgt, so behandelt, wie wenn er die Nichtigkeit des Rechtsgeschäfts gekannt hätte oder hätte kennen müssen.

BGB § 143 Anfechtungserklärung

(1) Die Anfechtung erfolgt durch Erklärung gegenüber dem Anfechtungsgegner.

BGB § 249 Art und Umfang des Schadensersatzes

(1) Wer zum Schadensersatz verpflichtet ist, hat den Zustand herzustellen, der bestehen würde, wenn der zum Ersatz verpflichtende Umstand nicht eingetreten wäre.

BGB § 812 Herausgabeanspruch

(1) Wer durch die Leistung eines anderen oder in sonstiger Weise auf dessen Kosten etwas ohne rechtlichen Grund erlangt, ist ihm zur Herausgabe verpflichtet. Diese Verpflichtung besteht auch dann, wenn der rechtliche Grund später wegfällt oder der mit einer Leistung nach dem Inhalt des Rechtsgeschäfts bezweckte Erfolg nicht eintritt.

6.2 Gesprächsnotiz mit Juristin Frau Astrid Leisbrock

Der Verfasser führte mit der Juristin Astrid Leisbrock am 09.12.2008 in ihrem Haus ein fast zweistündiges Gespräch über das Thema Anfechtung. Insbesondere lag das Hauptaugenmerk auf dem Verständnis und der Durchdringung des Themas, der Klärung offener Fragen und der Erläuterung von Sonderfällen.

7.0 Quellenverzeichnisse

7.1 Endnoten

[1] Abkürzung für bürgerliches Gesetzbuch

[2] Dies ist aus Verständnisgründen nicht die genaue Definition laut Gesetzestext.

[3] Das Gesagte schließt im Folgenden das Getane äquivalent ein.

[4] Objektiv heißt in diesem Zusammenhang „nach der allgemeinen, rechtsgültigen Verkehrsauffassung".

[5] Auch Vertragspartner, Erklärungsgegner oder Vertragsgegner im Folgenden genannt

[6] Abkürzung für Allgemeine Geschäftsbedingungen

[7] üblicherweise der Preis einer Sache

[8] auch Anfechtungsempfänger genannt; Dies ist der Vertragspartner.

[9] vgl. § 249 Abs. 1 BGB

7.2 Literaturverzeichnis

1. Bürgerliches Gesetzbuch, 62. Auflage. Deutscher Taschenbuch Verlag, München 2008

2. Köhler, Helmut & Lange, Heinrich: BGB. Allgemeiner Teil. Ein Studienbuch, 29. Auflage. Beck Juristischer Verlag, München 2005

3. Musielak, Hans-Joachim: Grundkurs BGB, 8. Auflage. Beck Juristischer Verlag, München 2007